ACTE PUBLIC

POUR

LA LICENCE.

A LA MÉMOIRE DE MA MÈRE!

A MON PÈRE,

A MES PARENTS, A MES AMIS.

FACULTÉ DE DROIT DE TOULOUSE.

ACTE PUBLIC

POUR

LA LICENCE,

SOUTENU EN EXÉCUTION DE L'ARTICLE 4, TITRE 2, DE LA LOI DU 22 VENTÔSE AN XII,

Par M. GILBERT (André-Pierre-Herman-Pascal),

Né a SEMILLAC (Charente-Inférieure).

JUS ROMANUM.

De obligatione litterarum.

INST., LIV. III, TIT. XXI.

Incunte Quiritium juris ætate, unus tantum obligationis modus agnoscebatur : *Nexum* nimirum *per æs et libram et nuncupationem* solemni quidem omnium mancipationum ritu, cum que verbis jure sacratis. «*Cum nexum faciet mancipium que, uti linguá nuncupássit jus esto.* » (Dec. Tab.)—Porrò solemni *per œs et libram* ritu sublato, et pro re factá reputato, *nuncupatio* duntaxat servata est. Indè obligatio *verbis* quæ prima nexo derivatur.

Cum vero Romanorum ingenia mores que quotidie magis ac magis expolirentur, ideoque scriptio jam vulgo in usu haberetur ut quisque suas rationes singulis diebus in tabulas plane referre consuevit; tunc non modo *ponderationis* ceremonia pro perfectá habita est, verum etiam nuncupatio.

De scripto tantum modo obligari licuit.

Sic demum prisci Quirites *e nexo* litterarum obligationem derivarunt.

Hæc autem obligatio eo spectabat ut in eas tabulas quas supra diximus, verbis jure sacratis, certa pecunia, tanquam expensa et ultro citroque data et accepta relata esset. Indè hoc tabulæ vocabantur *Codex accepti et expensi* item que hæc pecunia aut *expensa lata* aut *accepta relata*, et ipsa obligatio dicebatur *expensilatio.*

Omnia quæ verba proprii eadem origine nasci videntur. Nexi scilicet fictione.

Eamdem, Gaii tempore, litterarum obligationem reperimus quæ nominis transcriptitii appellationem obtinet « *veluti in nominibus transcriptiis fit* » hæc *nominis* appellatio ad omnem obligationem pertinet; nonnumquam *nomen* pro ipso debitore, aut etiam pro ipso debito, accipitur.

Hoc autem obligationum genus, Gaïus mirum in modum emuleavit. « Fit nomen transcriptitium, inquit, duplici modo vel a re in personam vel a personâ in personam. » A re in personam transcriptio fit veluti si id quod ex emptionis causâ aut conditionis aut societatis debeas (multis enim modis aliquid nobis deberi potest) id expensum tibi tulero. A persona in personam transcriptio fit veluti si id quod mihi Titius debet, tibi id expensum tulero, id est si Titius te delegaverit mihi (Gaii, Comm. iii, § 129-130).

Hoc duplici pacto, nobis animadvertendum novationem gigni, itaque fit ut quocumque modo prior obligatio contracta fuerit, tollitur, ejus que loco posterior scripta sufficitur. Obligatio undè fortasse hæc *transcriptitii* nominis appellatio.

In primis stipulatio et simili ratione, expensilatio (secundum civitatis jura se obligandi modus), ad cives solum attinebant. Jam Gaii tempore, Proculei et Sabinei pro hac re certabant. « *Quodammodo* inquit Gaïus est juris civilis talis obligatio, quare quæritur an nominibus transcriptitiis peregrini obligentur.

Quod dubium non erat *syngraphis* et *chirographis*. Peregrini enim quem ad modum ad stipulationem permutando solemnia verba admissi erant. Ita novis formis ad expensilationem admissi fuisse videntur. Hæc vero formæ sunt syngraphæ et chirographa «si quis debere se aut daturum se scribat. »

Quum Gaïus accuratissime ea distinguat *ab arcariis nominibus* perspicuum est illa non esse tantum instrumenta probationis, sed veras obligationes. Ex Arcariis nominibus contra nullam dicimus semet ipsis obligationem oriri. Obligationis factæ testimonium præbent; eamdem vim obtinent tum fides instrumentorum, tum declarationes testium.

Illæ eædem promissiones, specialiter certam pecuniam solvendi, *cautionem* constituebant.

Ita se res habuit jam pridem, sed longe aliter Justinianeis temporibus. Nam si hæc diligentiùs inspiciamus vix quamdam litterarum obligationis speciem inveniemus, sed alia forma figura que. His enim verbis exorditur titulus noster. « Olim scriptura fiebat obligatio quæ nominibus fieri dicebatur. »

Si quis vero se debere scripserit quod ei numeratum non sit, queri tamen ipse non potest post certum tempus a lege definitum ; ideo que obligatione sic obtringitur, quia hujus certi temporis beneficio usus non est.

Illa querendi facultas dicitur exceptio non *numeratæ pecuniæ.*

Hujus exceptionis ope debitor usque eo tenebatur quoad creditori imponeretur necessitas probandi se pecuniam numerasse. Nos docet ipse Justinianus, variis imperatorum constitutionibus expleri quinquennio, illud temporis spatium, quo debitor aut doli mali aut non numeratæ pecuniæ exceptionem proponere debebat, vel si antea condictione agere, ad suum scriptum, chirographum videlicet aut cautionem recuperandum, non maluisset.

Idem vero Divus tempus istud ad biennium redegit, « ne diutius pecunia sua creditores possint defraudari. »

CODE NAPOLÉON.

DU CONTRAT DE MARIAGE.

CHAPITRE II. — 1ʳᵉ Partie.

Section deuxième.

DE L'ADMINISTRATION DE LA COMMUNAUTÉ ET DE L'EFFET DES ACTES DE
L'UN OU L'AUTRE ÉPOUX RELATIVEMENT A LA SOCIÉTÉ CONJUGALE.

Administration des biens communs.

La société conjugale ne compte que deux membres : Si ces deux membres étaient égaux en puissance, si chacun pouvait s'opposer à ce que veut faire l'autre, ils se paralyseraient, ils s'entraveraient à chaque instant, à chaque instant aussi l'intérêt commun serait compromis. Pour que l'administration des biens communs fût possible, il était donc nécessaire que des pouvoirs spéciaux fussent mis dans les mains d'un seul des époux.

Ces pouvoirs devaient être confiés au mari, la nature même en rendant l'homme plus propre que la femme à la gestion des affaires l'exigeait, et, motif beaucoup plus puissant dans l'organisation civile de la famille, la femme étant placée sous l'autorité maritale, il eût été souverainement inconséquent de lui donner sur les biens un pouvoir indépendant.

Le mari administre seul les biens de la communauté.

C'est un principe d'ordre public auquel on ne peut déroger, même par contrat de mariage.

La suite de l'art. 1421 nous apprend de quelle nature est cette autorité confiée au mari et nous donne une idée de son étendue.

Il peut vendre, aliéner et hypothéquer, sans le concours de sa femme, les biens communs.

En effet, la double source, naturelle et légale, indiquée plus haut, la confiance qu'inspire cette qualité de co-propriétaire et de chef de la société conjugale, l'intérêt même de la communauté ; lui ont fait attribuer des pouvoirs exceptionnels presque illimités, presque identiques à ceux d'un propriétaire. Sans le proclamer, comme la législation coutumière, *maître et seigneur* des biens de la communauté, et sans lui permettre d'en disposer à *son plaisir et volonté,* la loi nouvelle le désignant par le titre plus modeste d'*administrateur,* lui a laissé, sauf quelques modifications, les mêmes droits ; aussi l'appelle-t-on souvent administrateur *cùm liberà potestate,* ce qui traduit à peu près la même idée.

Cependant, quoique s'effaçant momentanément, quoique à l'état latent, les droits de propriété de la femme n'en subsistent pas moins ; ils reparaîtront plus tard, jusque là le législateur veillera avec sollicitude à leur conservation, il déterminera lui-même et préviendra les divers actes du mari qui pourraient leur porter plus particulièrement atteinte et en compromettre l'exercice éventuel.

Ce pouvoir exorbitant de l'administrateur et chef de la communauté trouvera donc, dans certains cas que nous allons successivement examiner, une limite naturelle, et la seule dans les droits de co-propriété de son conjoint. Hors de ces cas, prévus par la juste susceptibilité de la loi, nous conclurons que cette autorité du mari reste aussi absolue à l'égard de la femme qu'elle l'est toujours à l'égard des tiers.

1° En principe, toute aliénation gratuite entre-vifs est interdite au mari (art. 1422-1°.) « Lorsque le mari hypothèque ou aliène, disait M. Siméon au Corps législatif, on présume que c'est par besoin ; il reçoit un prêt ou le prix d'une vente, on croit qu'il en fera un emploi utile. Hypothéquer, vendre, c'est administrer ; mais donner, sous certains rapports, c'est perdre ; la disposition à titre gratuit excède les pouvoirs de l'administration. Si l'administration exige des sacrifices, ils doivent avoir une indemnité que la disposition à titre gratuit ne peut pas donner. »

Après avoir établi d'une manière générale cette prohibition de donner, l'art. 1422 y apporte aussitôt quelques exceptions :

1° Il est permis au mari de disposer des effets *mobiliers* à titre gratuit et *particulier* au profit de *toutes personnes*, pourvu qu'il ne s'en réserve pas l'usufruit.

Sur quoi est fondée cette distinction de la loi qui déclare nulles les donations d'immeubles et d'universalités de meubles, et valables celles de meubles à titre particulier ? Nous ne saurions l'expliquer aujourd'hui, à raison de l'importance qu'ont acquise les fortunes mobilières. Le but que se proposait évidemment le législateur, empêcher toute donation exagérée et tolérer de modiques libéralités qui peuvent même devenir profitables à la la communauté, n'est nullement atteint. La disposition est donc irrationnelle, *sed statuit lex*; le texte est précis (422). Remarquons aussi l'inutilité de la mention de quotités et universalités de meubles. Toute donation de ce genre serait même nulle en la forme comme contraire à l'art. 949, Code Nap., qui exige toujours l'état détaillé et l'estimation des objets donnés.

De même de *toutes personnes* dont parle l'article, exceptons les enfants d'un précédent lit (1469) et les personnes interposées; le mari pourrait ainsi s'enrichir indirectement.

La défense faite au mari de se réserver l'usufruit de l'objet donné est plus heureuse. « C'est une restriction ingénieuse qui tend à refroidir chez lui l'intention d'une libéralité dont le droit ne pouvait être enlevé à la puissance maritale. » (Duvergier.) Au moyen de cette réserve, le mari ne pourra faire de donations dont les héritiers et la femme subiraient seuls la perte; son intérêt deviendra la sauvegarde de la communauté.

2° La loi lève même toute prohibition et permet aussi bien au mari les donations d'immeubles que celles de meubles dans un seul cas : quand elles sont faites en vue de l'établissement d'un enfant commun (1422).

L'intention évidente du législateur est, par ces dispositions, de protéger la femme, de sauvegarder ses intérêts. Conclurons-nous, avec quelques auteurs, que la donation faite par le mari, contrairement à ces dispositions, mais avec le concours de la femme, serait valable et partant irrévocable ? Non... Cette protection de la loi deviendrait trop souvent illusoire pour la femme; sa position, sa faiblesse, le désir de prévenir de plus grands malheurs, tout lui ferait craindre d'irriter son mari par un refus et de le pousser à abuser de ses pouvoirs déjà si étendus.

Mais de cette intention de la loi on peut conclure qu'une donation faite contrairement à ces dispositions, et au mépris de l'art. 1422, ne serait inefficace qu'à l'égard de la femme, et conserverait tout son effet vis à vis des tiers à la dissolution de la communauté. Même dans le cas d'acceptation de la femme, la donation sera valable, et payable soit en nature, soit par équivalent, suivant que l'objet donné fasse partie du lot du mari ou de celui de la femme.

2° *Il ne pourra faire aucun legs au préjudice de la femme.*

Les testaments n'ont d'effet qu'à la mort du testateur. Alors la société conjugale sera dissoute. Le legs sera toujours valable si le mari n'a légué que la moitié de la communauté, ou le droit qu'il a dans cette communauté. Il en sera de même pour un legs d'une valeur supérieure à cette moitié, si la femme est renonçante, alors le fond commun est toujours censé avoir appartenu en entier au mari, et il pouvait en disposer. Ce sera seulement si la femme accepte la communauté que le legs sera réductible jusqu'à concurrence de la part revenant au testateur. Ces règles sont contenues dans l'art. 1423.

Le même article s'occupe du legs d'un objet individuel faisant partie de la communauté. Il pose en principe que, toujours valable même dans le cas d'acceptation par la femme de la communauté, le legs sera délivré en nature s'il tombe dans le lot du mari, et en *équivalent s'il revient à la femme.*

Cette disposition, fondée sur l'intention présumée du testateur, déroge aux principes déjà établis par les art. 1021 et 883 combinés. Le legs de la chose d'autrui est nul, dit l'un. Chaque copropriétaire est censé n'avoir jamais eu la propriété des effets qui ne sont pas compris dans son lot, ajoute l'art. 883 ; il s'ensuivrait que le lot tombé dans l'objet de la femme, n'ayant jamais appartenu au mari, ne pourrait être légué par lui. L'art. 1423 établit le contraire.

En sera-t-il de même pour le legs particulier fait par la femme ?... Oui.

Administration des biens personnels des époux.

Tous les biens de chaque époux ne tombent pas dans la communauté. Une partie reste leur *propriété personnelle*. Mais les fruits et revenus de ce patrimoine particulier doivent revenir à la société conjugale : celle-ci est donc directement intéressée à voir ces biens *propres* aussi habilement administrés que ceux qu'elle possède en toute propriété.

Ceci nous explique pourquoi le chef de la communauté, le mari, conserve sur ses biens personnels, ses droits complets de propriétaire, tandis que la femme perd, en même temps que la jouissance, l'administration de ses propres.

Le mari administre tous les biens de la femme, même ceux dont elle s'est réservée les fruits (1428).

Ceci soit dit, bien entendu, sauf toute clause contraire. Il ne s'agit plus ici de pouvoirs exceptionnels, que l'on ne saurait affaiblir ou modifier sans porter atteinte à un principe d'ordre public. La loi est loin de donner au mari les mêmes droits sur les biens de la femme, que ceux qu'elle a attribués sur le fonds commun, le mari n'est ici qu'un simple administrateur, et comme tel il est soumis aux obligations qui pèsent sur tout administrateur de la fortune d'autrui, de même qu'il en a les avantages.

Ces droits et ces devoirs du mari administrateur des biens personnels de la femme, sont tracés dans les art. 1428, 1429 et 1430, qui s'en réfèrent tacitement pour le reste aux règles ordinaires de l'usufruit. Nous allons successivement examiner ces articles, et voir ce qu'ils permettent ou défendent au mari par rapport aux :

1° *Actions judiciaires.* — La loi n'accorde au mari *seul* que l'exercice, des actions mobilières, aussi bien au pétitoire qu'au possessoire, et des actions possessoires immobilières seulement. Le jugement rendu contre le mari plaidant au pétitoire immobilier, sans le concours de sa femme, sera donc, à l'égard de celle-ci, nul et sans effet.

De ce que le mari peut exercer seul les actions mobilières, on en conclut à *fortiori* qu'il a qualité pour recevoir les sommes dues à la femme, et pour en donner quittance ; la jurisprudence le décide ainsi, même quand les capitaux proviennent du prix d'immeubles.

Remarquons que le mari, en sa seule qualité de chef de la communauté.

pourrait agir aussi bien au pétitoire, qu'au possessoire immobilier, dans la limite du droit d'usufruit qui appartient à la communauté.

2° *Aliénations.* — « Le mari ne peut aliéner les immeubles personnels de sa femme, sans son consentement. » (Art. 1428.) « *Nemo dat quod non habet.* » Ces immeubles étant à sa femme, le mari n'a aucun droit de propriété sur eux ; le même article lui a déjà ôté, même le droit d'intenter les actions réelles qui les concernent. A la rigueur, cette partie de l'art. 1428 est donc superflue. Nous ajouterons que la rédaction en est vicieuse. Il n'y est question que d'immeubles, *à contrario,* le mari peut donc aliéner les meubles propres de la femme ?

Telle n'a pu être, disent de nombreux auteurs, la pensée des rédacteurs. Cette omission a donc au moins le tort de soulever une controverse assez grave. C'est seulement, nous le croyons par oubli, et parce que sous le régime de la communauté légale, très peu de meubles peuvent rester propres, que les immeubles ont été ici seuls mentionnés.

3°. *Actes conservatoires.* — « Le mari est responsable de tout dépérissement des biens personnels de sa femme, causé par défaut d'actes conservatoires, » dit en terminant l'art. 1428.

La communauté, en tant que percevant les fruits des biens des époux, doit, en effet, supporter les charges auxquelles la loi assujettit tout usufruitier. (1409.) Mais si, comme chef de la communauté, le mari est tenu des *réparations usufruitaires,* il est aussi chargé *des grosses,* comme mandataire de la femme et administrateur de ses biens.

Au nombre des actes conservatoires, mis aussi par l'art. 1428 sous la responsabilité du mari, sont évidemment comprises les mesures qu'il doit prendre pour interrompre le cours d'une prescription menaçant un immeuble de la femme. Ce sera le cas pour lui d'exercer une action pétitoire, que son titre d'administrateur de la communauté lui donne le droit d'intenter ; la loi ne fait même pas exception pour prescriptions qui auraient commencé à courir avant le mariage.

4° *Baux et renouvellements de baux.* — Le mari peut consentir *seul* la location des biens de la femme. Par cette disposition, le Code n'a fait que consacrer le principe déjà en vigueur sous la coutume. « Peut toutefois, disait l'art. 227, le mary faire baux à loyer ou maisons, à six ans, pour héritage assis à páris, et à neuf ans, pour héritage assis aux champs et au dessous, sans fraude. » C'est dans le même esprit, dans la crainte que la femme ne fût liée pour un temps trop long après la dissolution de la communauté, qu'ont été rédigés nos art. 1429 et 1430.

Ils établissent, en substances, que le bail ne peut être fait pour plus de neuf ans, et qu'il doit être renouvelé deux ans d'avance, au plus, pour les maisons, et trois ans pour les biens ruraux.

Si le bail est fait pour plus de neuf ans, on le divise en périodes de neuf ans chacune, sauf la dernière qui peut être moindre, et le bail oblige la femme pour ce qui reste à courir de la période dans laquelle on se trouve lors de la dissolution de la communauté.

Pour les renouvellements, il faut distinguer de plus le cas où le nouveau bail a commencé, au moment de la dissolution de la communauté; alors ce renouvellement du bail, irrégulier ou non, est obligatoire pour la femme. Ce n'est que dans le cas où le premier bail dure encore, que son renouvellement, fait plus de deux ou trois ans d'avance, est nul.

C'est par ces règles que le législateur a su concilier des intérêts bien distincts : intérêts du preneur dont les droits précaires auraient pu être anéantis tout à coup par la dissolution de la communauté; intérêts de l'administration confiée au mari, enfin, intérêts de la femme propriétaire. C'est ainsi que tout en laissant au mari les pouvoirs nécessaires à tout administrateur diligent, il a assuré une protection efficace aux droits éventuels de la femme ou de ses héritiers.

Mais si le bail a été consenti conjointement par le mari et la femme, celle-ci n'a plus de motif pour interpréter, en sa faveur, l'art. 1429; elle s'est liée personnellement. L'engagement sera donc valable, quelle que doive en être sa durée, et à quelque époque qu'on l'ait signé.

Récompenses.

Nous venons de laisser le mari, chargé à la fois de l'administration des trois patrimoines distincts que le régime de la communauté suppose. Dans cet état de choses, il est presque inévitable que tel de ces patrimoines ne se trouve exposé à recevoir, payer, ou s'obliger pour tel autre. Et comme leurs intérêts, quoique confiés aux mêmes mains, sont bien distincts, ce seront de véritables rapports de créanciers à débiteurs qui s'établiront alors entre eux.

Le législateur s'occupe ici de réglementer ces rapports, et cela, par un système d'indemnités qui, prévenant tout empiétement irrévocable, maintiendra la composition des divers patrimoines dans les termes qu'il a fixés déjà d'une manière définitive.

Telle est la première idée que l'on peut se former de la théorie des *récompenses ou indemnités,* idée qui est ainsi formulée :

« Toutes les fois que l'un des patrimoines a tiré un profit aux dépens de l'un des deux autres, une indemnité est due à celui-ci par le premier, » nous donne le principe qui domine toute la matière.

Cette idée générale d'indemnités entre époux, est loin d'avoir eu de tout temps, la même faveur et d'avoir toujours été érigée en principe par la coutume. Anciennement, au contraire, on n'admettait de récompense, que s'il y avait une clause expresse à ce sujet, dans le contrat de mariage ou d'aliénation. Ce ne fut qu'en 1580, lors de la réformation de notre législation coutumière, que voulant ôter aux époux toute faculté d'éluder la prohibition de s'avantager pendant le mariage, on décida (art. 232), que dans le *cas d'aliénation,* la récompense serait due indépendamment de toute convention des parties. Bientôt les auteurs et la jurisprudence étendirent cette disposition à toutes espèces d'avantages acquis par la communauté aux dépens de l'un des époux.

Bien que permettant les donations entre époux à condition qu'elles soient révocables, la législation nouvelle admet ce principe ainsi étendu. C'est même principalement avec son secours qu'elle peut permettre sans danger ces donations, et quelle leur conserve leur caractère essentiel de révocabilité.

Dans les diverses opérations qui donnent lieu à récompense, rien non plus ne peut faire voir un pur don, dans de simples avances, qui surtout ici, sont aussi utiles que naturelles et fréquentes. La volonté de donner ne se présume pas. Une interprétation contraire de la loi, aurait pour effet de n'accorder des secours quelquefois indispensables à l'un des patrimoines, qu'en appauvrissant l'un des deux autres.

L'utilité bien plus la nécessité des récompenses une fois admise, nous examinerons successivement les trois cas prévus par le Code.

1° Des récompenses dues par la communauté aux époux.

Appliquant à ce cas particulier le principe déjà énoncé, nous dirons :

Toutes les fois que la communauté s'est enrichie ou qu'elle a été avantagée aux dépens des propres de l'un des époux, elle doit récompense à ce dernier jusqu'à concurrence de ce dont elle a profité.

L'art. 1433 mentionne deux cas, évidemment deux cas particuliers, choisis entre bien d'autres, dans lesquels il peut y avoir lieu à récompense en faveur de l'un ou l'autre époux : aliénations d'immeubles, et rachat de services fonciers.

Pour ces cas et bien d'autres, le droit à la récompense est donc établi. A quelles conditions, sur quels biens, suivant quelle mesure ce droit sera-t-il exercé ?

A quelles conditions ?... Il faut, dit encore l'art. 1433, que le prix du propre aliéné ait été versé dans la communauté. Alors il y a lieu au prélèvement de ce prix sur cette communauté. Il ne doit pas y avoir eu préalablement *remploi;* cela est plus qu'évident. Pour qu'une fois versé dans la communauté, on puisse en opérer le prélèvement sur cette communauté, il faut bien que le prix y soit resté, et n'ait pas servi à un remploi.

Mais la preuve que l'argent a été versé dans la communauté, à qui incombe-t-elle ? est-ce à l'époux propriétaire de l'objet aliéné, ou bien le versement doit-il se présumer, jusqu'à preuve contraire, par l'autre époux ? voilà ce que notre article ne dit pas.

Puisque le mari est à la fois chef de la communauté et administrateur des biens personnels de la femme, le silence de la loi doit, selon nous, l'interpréter en faveur de cette dernière toutes les fois que ses intérêts pourraient être compromis par l'abus de ces doubles pouvoirs. Ce seront donc les circonstances qui nous guideront ici ; s'agit-il d'un immeuble de la femme ; le prix sera présumé versé dans la communauté jusqu'à preuve contraire du mari. Si c'est, au contraire, celui-ci qui réclame la récompense, ce sera à lui à prouver qu'il a mis le prix de son immeuble dans la communauté.

Sur quels biens ?.... C'est l'art. 436 qui nous désigne les biens affectés à l'exercice du droit de récompense. *La récompense du prix de l'immeuble appartenant au mari, ne s'exerce que sur la masse de la communauté ; celle du prix de l'immeuble appartenant à la femme, s'exerce sur les biens personnels du mari en cas d'insuffisance des biens communs.*

Ce droit ne s'exerce pour chaque époux sur ces biens qu'à la dissolution de la communauté, c'est un point qui est réglé par les art. 1470 et suivants. Notre but est de chercher comment, pendant l'existence de la communauté, les récompenses s'établissent, non de savoir dans quel ordre et de quelle manière elles s'exercent à sa dissolution.

« Dans tous les cas, dit en terminant l'art. 1436, la récompense n'a lieu que sur le pied de la vente, quelque allégation qui soit faite touchant la valeur de l'immeuble aliéné. »

Telle est la mesure suivant laquelle doit être exercé le droit de récompense.

Ainsi, que l'immeuble ait été vendu au-dessus ou au-dessous de sa valeur, peu importe, la communauté doit rendre telle quelle, la somme qui lui a été versée. Elle n'a pas plus droit au bénéfice qu'elle ne doit supporter la perte d'une opération qui n'a pas été faite pour son compte.

La somme versée dans la communauté, disons-nous c'est bien là le *prix réel* de la vente et non pas seulement le *prix déclaré dans l'acte.* C'est la seule interprétation qui convienne et à l'esprit et à la lettre de l'expression ; « La récompense n'a lieu que *sur le pied de la vente.* » En effet, par des raisons plus ou moins blâmables, on est assez souvent porté à dissimuler dans un acte de vente, *le prix réel.* En le diminuant on échapperait à une partie du droit qu'entraîne toute mutation. Mais aussi, on procurerait un avantage à la communauté, au détriment de l'époux vendeur. En augmentant, au contraire, fictivement ce prix, l'époux vendeur serait avantagé aux dépens de la communauté. Il est donc juste d'admettre l'époux qui souffre de cette fausse déclaration (ordinairement la femme) a en prouver la fausseté. Les rédacteurs de l'article ont seulement voulu empêcher que l'on remit en question la valeur même de l'objet vendu. La vente est un fait accompli, on ne peut pas l'attaquer. Mais on peut bien être appelé à prouver, que l'écrit, l'acte qui constate cette vente, n'est pas l'expression exacte de la convention entre les parties.

Une question plus grave et surtout plus controversée est celle de savoir : s'il y a lieu à récompense, et de quelle manière cette récompense doit être calculée dans le cas où l'un des époux aliène un droit *perpétuel* qui lui est propre pour un droit *temporaire*, ou réciproquement un droit temporaire pour un droit perpétuel.

Bien des opinions ont été émises à ce sujet. Selon nous le droit de jouissance qu'a la communauté sur les biens d'un époux est un droit soumis aux variations de ces biens eux-mêmes ; il peut naître ou s'accroître par l'acquisition ou l'amélioration, comme il peut s'éteindre ou s'amoindrir par la perte ou le démembrement. Toutes les fois donc que le préjudice, ou les avantages que les opérations d'un époux ont pu causer à la communauté, ne portent que sur la jouissance appartenant à cette communauté, il n'y aura jamais lieu à récompense, soit en faveur de cet époux soit contre lui.

Ainsi, dans la première hypothèse, qu'un droit perpétuel ait été aliéné pour un droit temporaire dont le produit peut être du double ou même du triple, la communauté qui perçoit ce produit ainsi augmenté ne doit nulle récompense de cette augmentation de revenus. Réciproquement, dans la seconde hypothèse, quelque préjudice qu'ait pu causer à la communauté, l'aliénation d'un droit temporaire pour un droit perpétuel, son revenu fût-il ainsi diminué de moitié ou du tiers, il n'y aura nulle réclamation à faire à l'époux auteur de cette opération. La communauté subit les variations de fortune et de revenus des patrimoines de l'époux.

De plus, dans ce dernier cas, il est évident que si le capital représentant le droit temporaire aliéné, est entré dans la caisse de la communauté, elle n'aura pas le droit d'en profiter, elle en devra récompense.

2° *Des récompenses dues à la communauté par les époux.*

L'art. 1437 consacre, pour ce cas, le principe que nous avons formulé plus haut : « Toutes les fois qu'il est pris sur la communauté une somme, soit pour acquitter les dettes ou charges personnelles à l'un des époux, telle que le prix ou partie du prix d'un immeuble à lui propre, ou le rachat de ser_ vices fonciers, soit pour le recouvrement, la conservation ou l'administra- tion de ses biens personnels, *et généralement toutes les fois que l'un des époux a tiré un profit personnel des biens de la communauté, il en doit récompense.* »

Avant de poser la règle générale, l'article précité rappelle sommairement plusieurs hypothèses dans lesquelles il y a lieu à récompense en faveur de la communauté.

Il parle de dettes ou charges personnelles et en cite deux cas à titre d'exemple :

L'acquisition ou l'échange avec soulte d'un immeuble propre, et l'affran- chissement d'une servitude passive dont le propre était grevé.

Il mentionne, en second lieu, les sommes déboursées par la communauté pour le recouvrement d'un propre.

Enfin, il cite les frais avancés pour la conservation ou l'amélioration d'un propre.

Ce sont bien là les trois grandes causes : *acquisition, recouvrement, amélio- ration* d'un immeuble propre, qui engendrent les dettes dont la commu- nauté n'est tenue qu'à charge de récompense. L'étude détaillée de ces divers cas nous ferait sortir des limites de notre question. Cette matière appartient de droit à la formation de la communauté, à la composition de son passif. Nous remarquerons seulement, à propos des frais avancés par la commu- nauté, pour la conservation ou les réparations d'un propre, frais que le pro- priétaire du propre doit rendre intégralement à la communauté, nous remar- querons, disons-nous, qu'il ne s'agit pas ici de simples réparations d'entretien, qui, on le sait, sont à la charge de la communauté. Quant aux autres dé- penses, nous n'admettrons leur classification en *nécessaires, utiles* et *volup- tuaires* que pour faire une exception à la règle, en faveur des dernières. Les réparations voluptuaires ne donneront lieu à récompense, en faveur de la communauté, que si elles ont procuré une plus-value au propre sur lequel elles ont été faites, et jusqu'à concurrence de cette plus-value seulement : *Quatenus locupletior fit.*

Quelle sera, lorsqu'elle est due, la quotité de la récompense payée à la communauté ?

3

De même que la communauté est débitrice de tout ce qui est entré dans sa caisse du bien de l'un des époux, de même elle est créancière de tout ce qui en est sorti dans l'intérêt de l'un de ces époux. Aucune distinction à faire dans le cas où les fonds communs ont servi à une opération avantageuse ou désavantageuse. Qu'importe à un prêteur à quel usage ses fonds ont été employés par l'emprunteur.

Cela posé, dans le cas de rachat de rente, faite avec les deniers de la communauté, nous ne dirons pas, avec l'ancienne jurisprudence, que l'époux libéré d'une rente n'est débiteur envers la communauté que de la continuation d'une même rente à la dissolution de la communauté. Cette théorie entrainait avec elle une foule de distinctions : suivant que la rente était servie par le mari ou par la femme, et dans ce dernier cas, suivant que celle-ci renonçait à la communauté ou l'acceptait.

L'époux débiteur de la rente doit à la communauté tout ce qu'elle a dépensé pour le rachat de la rente. Nous ferons cependant fléchir cette règle en faveur de la femme qui n'aurait pas consenti au rachat de sa rente. Elle aura le droit d'opter entre deux partis, suivant qu'elle ratifiera ou ne ratifiera pas le rachat. Dans ce second cas, elle continuerait le service de la rente à la communauté, ainsi subrogée au créancier primitif.

3° Des récompenses dues par l'un des époux à l'autre.

Si la communauté ne constitue pas entre les époux une société universelle de leurs biens, du moins cette société est très étendue. Dès lors, presque tous leurs intérêts particuliers viennent se confondre dans l'intérêt commun. Cependant, quoique assez difficiles à concevoir de prime abord, il est des cas où l'intérêt des conjoints diffère, et où ils deviennent même créanciers ou débiteurs l'un de l'autre. C'est un de ces cas que nous aurons à étudier dans l'art. 1438, à propos des constitutions de dot. Les exemples deviendraient même nombreux dans le régime de la communauté conventionnelle, soit par clauses de réalisation, soit par clauses de séparations de dettes. Les art. 1478 et 1480 traitent des créances des époux entre eux ; le premier suppose que le prix d'un bien d'un époux a été employé à payer une dette aussi personnelle de l'autre époux ; le second s'occupe de donations que l'un des époux a pu faire à l'autre.

Dans ces circonstances et dans bien d'autres que l'on pourrait encore citer, l'époux créancier ne pourra poursuivre le recouvrement de sa créance qu'après la dissolution de la communauté. C'est évidemment dans cette pensée que l'art. 1478 a été rédigé et placé à la section du partage de la communauté. « Après le partage consommé, si l'un des époux est créancier personnel de l'autre, comme lorsque le prix de son bien a été employé à payer une dette personnelle de l'autre époux, ou pour toute autre cause, il exerce sa créance sur la part qui est échue à celui-ci dans la communauté ou sur ses biens personnels. »

Ce ne pouvait pas être, en effet, sur la masse commune, que par voie de prélèvement devait être soldée la créance ; cette masse devant être partagée, l'époux créancier n'aurait reçu que la moitié de ce qui lui était réellement dû.

Du remploi.

L'idée de remploi est corrélative de celle de récompense. Il ne peut y avoir lieu à récompense en faveur d'un époux que s'il n'y a pas eu remploi ; c'est cette idée évidente qui était exprimée par l'art. 1433 déjà cité.

Le remploi est le remplacement par un immeuble acheté à cet effet de l'immeuble propre qui aurait été aliéné. Dans le régime de la communauté légale, le remploi est facultatif ; il peut être aussi l'objet d'une clause spéciale dans le contrat de mariage fait sous le régime de la communauté conventionnelle. Nous n'avons à nous occuper que du premier : du remploi facultatif.

L'objet des art. 1434 et 1435 est de poser les règles ou les conditions suivant lesquelles le bien nouvellement acquis sera subrogé au lieu et place du propre aliéné.

Il faut, à cet égard, distinguer si le propre appartenait au mari ou à la femme.

Si le remploi est fait dans l'intérêt du mari, le remplacement est complet, lorsque dans l'acte d'acquisition il est déclaré que l'immeuble est acquis au moyen des deniers provenus de l'aliénation de son propre, et pour lui servir de remploi.

Cette double déclaration est indispensable, quoi qu'en aient prétendu

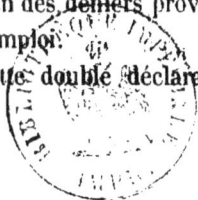

quelques auteurs , elle doit même être faite par le contrat d'acquisition « *in continenti.* » Cela résulte du texte même de l'art. 1434. » Le remploi est censé fait toutes les fois que *lors de l'acquisition ,* etc.....

Lorsque l'acquisition nouvelle doit remplacer un propre de la femme , la double déclaration, dont nous venons de parler, doit être complétée par l'acceptation formelle de celle-ci. Le mari est-il tenu aussi rigoureusement ici de faire sa déclaration lors de l'acquisition, ou peut-il la faire après, *ex intervallo?* Du silence de l'art. 1435, nous induirons que dans ce cas la déclaration peut être faite utilement, à quelque moment que ce soit. A *fortiori,* conclurons-nous que l'acceptation de la femme qui doit nécessairement suivre la déclaration du mari, peut intervenir *ex intervallo.* Mais si la femme a le droit d'accepter tant que dure la communauté, nous croyons qu'à sa dissolution cesse son droit d'option. Alors les droits de chaque époux se trouvent fixés, et la femme trouve dans l'immeuble acquis, un conquêt de commmunauté au lieu d'un propre; elle n'a plus qu'un droit à récompense.

Des constitutions de dot.

La constitution de dot est une opération qui soulève très-souvent la question de récompense. C'est donc après l'exposé de cette dernière théorie que nous venons analyser les art. 1438, 1439 et 1440, qui traitent de la matière, et sont soumis à notre étude.

Constatons bien d'abord : que la constitution de dot est une obligation naturelle, personnelle aux deux époux ; ce n'est en aucune sorte une dette de communauté. Celle-ci n'a à sa charge que l'entretien et l'éducation des enfants (1409).

De là naît cette première différence constatée par l'art. 1438, entre l'obligation prise *conjointement* par les deux époux de fournir une dot à l'enfant commun, et toute autre obligation également contractée conjointement par eux deux.

Si la dot constituée conjointement par les époux a été payée sur les biens communs, chaque époux doit récompense à la communauté, pour sa part indiquée dans l'acte de constitution, ou pour moitié s'il n'a été rien stipulé à cet égard.

De même si la dot a été constituée avec les biens personnels de l'un des époux , récompense lui est due par l'autre et non par la communauté.

Dans tous les cas la femme sera tenue de tout ce dont elle s'est engagée , même quand elle renoncera à la communauté , car c'est personnellement qu'elle s'est engagée.

L'art. 1430 consacre une exception bizarre inexplicable , à ce principe énoncé par l'article précédent. La dot est-elle constituée par le mari seul, en effet de la communauté. Alors, ce n'est plus aux yeux de la loi l'accomplissement d'un devoir personnel. Le mari agit en sa qualité de chef de la communauté, c'est à ce seul titre qu'il dispose de la dot, qui apparaît dès lors comme charge de la communauté. Dans le cas où la femme acceptera la communauté , elle supportera donc la moitié du paiement de cette dot : à moins , ajoute notre article, que le mari n'ait déclaré expressément qu'il s'en chargeait pour le tout ou pour une portion plus forte que la moitié ; dans ce dernier cas, la femme supportera tout ce que le mari n'a pas pris à sa charge.

La constitution de dot est un contrat qui tient tout à la fois des contrats à titre gratuit et des contrats à titre onéreux.

Le constituant est un donateur, aussi comme une donation ordinaire , la constitution de dot est-elle révocable, rapportable, réductible (aux termes des art. 960, 1573, 1090). Celui à qui la dot est constituée, au contraire, reçoit pour ainsi dire à titre onéreux , c'est pour l'aider à supporter les charges du mariage. Par cette double nature s'expliquent, contrairement au droit commun régissant les donataires, les deux dispositions contenues dans l'art. 1440 : garantie en cas d'éviction ; intérêts qui courent de plein droit du jour du mariage.

« La garantie de la dot est due par toute personne qui l'a constituée, et ses intérêts courent du jour du mariage , encore qu'il y ait terme pour le paiement s'il n'y a stipulation contraire. »

DE L'EFFET DES ACTES DE L'UN OU L'AUTRE ÉPOUX, RELATIVEMENT A LA SOCIÉTÉ CONJUGALE.

Quelques articles de la section que nous étudions , traitent, comme le dit la seconde partie de sa rubrique, *de l'effet des actes de l'un ou l'autre époux, relativement à la société conjugale.*

Par ces actes, les époux ont pu contracter diverses obligations, soit licites, et procédant de conventions spéciales (1431-1432), soit illicites, et résultant de crimes, délits ou quasi-délits commis par l'un ou par l'autre (1424-1425). Ces obligations ou ces dettes, quelle que soit leur origine, engagent-elles la communauté? entrent-elles dans son passif? C'est ce que règlent ces articles, qui, par cela même, nous sembleraient occuper une place plus convenable dans la formation du passif de la communauté. Pour ce motif, et pour avoir moins souvent l'occasion de sortir de notre sujet, nous serons aussi bref que possible dans cette partie de notre travail, ne nous arrêtant guère, dans l'examen de ces articles, qu'à ce qui établit la position respective de chacun des époux dans la société.

Dettes du mari.

Souvent déjà nous avons eu occasion de signaler le pouvoir absolu, et en quelque sorte exorbitant, que la loi a attribué au mari, en sa qualité de chef de la société conjugale et de seul administrateur des biens qui la composent. Ici encore c'est à raison de cette autorité absolue que l'on peut dire, en thèse générale : la communauté est tenue de toutes les dettes du mari, soit qu'il les ait contractées dans l'intérêt de la communauté, ou dans l'intérêt d'un tiers, ou même dans son intérêt personnel; que ces dettes procèdent de conventions ou de délits : disons plus brièvement : *qui a action contre le mari a action contre la communauté.*

La règle, vraie dans tous les autres cas, ne souffre qu'une exeption formulée par l'art. 1425. La dette du mari résulte d'une condamnation dont l'exécution doit emporter mort civile; la condamnation ne frappe alors que la part du mari dans la communauté, ainsi que ses biens personnels.

Cette même règle doit aussi être l'objet d'une réserve importante : elle doit se concilier avec le principe général d'où découle la théorie des récompenses : « l'époux qui a tiré un profit personnel des biens de la communauté en doit récompense. » Ce ne sera donc que dans le cas où la dette a été contractée dans l'intérêt de la communauté que celle-ci la supportera définitivement. Dans les autres cas , c'est à dire lorsque la dette aura été contractée dans l'intérêt personnel du mari , ou sera le résultat d'un de ses délits , la communauté en sera bien toujours tenue, mais sauf récompense. A ce point de vue, l'art. 1424 nous offre donc un nouvel exemple de dettes personnelles, que l'on peut ajouter à ceux déjà cités par l'art. 1437 , et qui donnent lieu à récompense en faveur de la communauté.

Dettes de la femme.

C'est toujours parce que le mari est seul administrateur des biens communs , que tout acte de la femme fait sans le consentement de celle-ci , ne peut lier la communauté. Vainement voudrait-on suppléer à ce consentement par une autorisation de la justice. La première partie de l'art. 1426 déclare formellement que « les actes faits par la femme sans le consentement du « mari et même avec l'autorisation de la justice, n'engagent pas la commu- « nauté. » De là , et par une conséquence inverse , on conclut qu'avec le consentement du mari les actes de la femme engagent la communauté et partant le mari lui-même.

Mais cette double règle reçoit exception dans les deux sens.

D'une part, la femme peut quelquefois sans le consentement du mari , obliger la communauté (1427).

D'autre part et réciproquement, l'acte de la femme, même avec le consentement du mari, n'oblige pas toujours la communauté (1432).

Dans ce dernier cas , l'art. 1432 parle d'une vente d'immeubles propres faite par la femme avec le consentement du mari. Ce n'est que lorsque celui-ci « a garanti solidairement ou autrement la vente » , qu'il supporte les obligations du vendeur. Ce n'est qu'alors « qu'il a un recours contre elle , soit sur sa part dans la communauté, soit sur ses biens personnels, s'il est inquiété. »

L'art. 1413 nous fournirait un second exemple d'une exception, qui n'est elle-même qu'un retour au droit commun et à la règle : celui qui autorise un incapable ne s'oblige pas lui-même, *qui auctor est non se obligat.* Il s'agit, dans cet article, d'une succession immobilière, acceptée par la femme avec l'autorisation de son mari. S'armant de cette autorisation, les créanciers de la succession ne peuvent pas, en cas d'insuffisance des biens de la succession et du patrimoine personnel de la femme , poursuivre le paiement de leurs dettes sur les biens de la communauté et du mari.

Réciproquement , et par exception inverse : la femme peut engager les biens de la communauté sans le consentement du mari. Celui-ci se trouve alors remplacé par la seule autorisation de la justice. L'art. 1427 renferme deux exceptions de ce genre : 1° Il s'agit de rendre ou de conserver au mari sa liberté ; 2° en cas d'absence du mari, il faut établir un enfant commun. L'art. 1426, *in fine,* mentionne la femme marchande publique, comme ayant ce pouvoir : ce n'est pas, selon nous, une troisième exception à ajouter aux deux précédentes. La femme marchande publique n'a cette qualité et n'agit comme telle qu'en vertu d'une autorisation de son mari.

CODE DE PROCÉDURE CIVILE.

DES DÉPENS.

On entend par dépens les frais que dans un procès les plaideurs sont obligés d'avancer pour faire valoir leurs droits.

Ces frais doivent évidemment être remboursés par la partie qui perd à la partie qui gagne. Il y a cependant quelques dépenses que le gagnant ne peut répéter au perdant; on désigne celles-ci par la qualification de *faux frais*.

« *Toute partie qui succombe sera condamnée aux dépens.* » C'est en ces termes que l'article 130 du Code de Procédure pose la règle générale.

Faisons d'abord une remarque importante sur *cette condamnation*, comme parle l'article. Nous ne voyons en elle aucun caractère de pénalité. Ce n'est pas un châtiment que la justice inflige au plaideur qui succombe, ce n'est que la restitution, le remboursement des frais occasionnés par ses prétentions ou ses résistances injustes, qu'elle lui commande.

De là une première conséquence déjà édictée par le Code de Procédure :
« La condamnation aux frais n'entraîne pas contrainte par corps, »

Tirons-en une seconde, contraire à l'avis de quelques auteurs : le tribunal ne doit pas d'office, comme par motif d'intérêt public, adjuger des dépens à celui qui a négligé d'y conclure. Nous ne serons donc pas forcés de voir, avec ces auteurs, dans les mots : *sera condamnée,* une expression absolument impérative : nous dirons plutôt, avec l'art. 480 C. Proc. : « Les juges ne doivent pas statuer au-delà de ce qui est demandé. »

L'article 130 peut donner lieu à quelques difficultés d'application, lorsque la condamnation aux dépens au lieu d'être prononcée contre une seule personne, l'est contre plusieurs simultanément. Dans ce cas, dans quelle proportion les dépens seront-ils supportés par chacune d'elles? y aura-t-il solidarité entr'elles?

4

Distinguons entre les co-condamnés aux dépens, qui étaient solidaires dans l'action principale, et ceux qui n'étaient liés que par un intérêt commun. Pour ces derniers la solution n'est pas douteuse; les dépens seront divisés entre eux ou par tête ou de toute autre manière plus équitable s'il y a lieu. Ainsi, des cohéritiers devront supporter des frais, proportionnellement à l'intérêt respectif de chacun d'eux dans la succession discutée, et non par égales parts. De même, quand ce sont des époux qui étaient co-attaqués il faudra voir si la femme n'a pas été mise inutilement dans l'instance par son mari, auquel cas elle ne devra pas supporter de dépens; elle les supporterait tous, au contraire, si le mari n'est entré dans l'instance que pour l'autoriser.

Quant aux co-condamnés qui étaient solidaires pour le principal, la question de solidarité pour les dépens est controversée.

Les uns disent que autre chose sont les dépens, autre chose les dettes principales qui ont donné lieu à l'action. Ils s'en réfèrent alors au principe de l'article 1202 du Code Nap. : « La solidarité ne se présume pas. » La loi, ajoutent-ils, ne dit nulle part que pour les matières civiles, la condamnation doit porter solidairement sur chacun des co-débiteurs, elle ne fait cette exception que pour les matières criminelles (55, C. Pénal). D'autres, comparant la solidarité au cautionnement, voient entre ces deux manières de s'obliger de nombreux points de contact, et par rapport à l'objet de la question, une identité presque absolue; ils concluent donc par analogie avec l'article 2016 du Code Napoléon, que : « La solidarité, de même que le cautionnement d'une obligation principale, s'étend à tous les accessoires de la dette, même aux frais.

Le législateur a énoncé, dans l'article 130 le principe général : « Toute partie qui succombera sera condamnée aux frais. » Il se hâte dans l'article suivant de signaler une exception à ce principe.

Avant, mentionnons-en une première, qu'aucun texte n'autorise, mais qui est consacrée par un usage immémorial: Jamais en France le ministère public, agissant en cette qualité, ne peut, s'il succombe, être condamné aux dépens. Bien ou mal fondée, cette exception, nous l'avons dit, est autorisée par la pratique, nous la constatons sans trop l'expliquer.

La seconde exception, celle dont parle l'art. 131, est la *compensation des dépens*.

« *Pourront néanmoins les dépens être compensés en tout ou en partie.* » Ainsi, aux termes de cet article, les juges pourront s'écarter de la règle générale et ne pas condamner invariablement la partie perdante aux dépens ; ils pourront quelquefois ordonner de les compenser en totalité ou en partie ; c'est à dire qu'ils feront supporter à chaque partie les frais qu'elle a faits, ou à l'une d'elles le tiers, le quart, une fraction quelconque de ces mêmes frais.

Mais dans quels cas cette dérogation à la règle sera-t-elle permise aux juges ?

1° Dans le cas de parenté : « *entre conjoints, ascendants, descendants, frères et sœurs , ou alliés au même degré.* » L'énumération est évidemment restrictive. La loi a voulu laisser à la disposition du juge un moyen d'enlever, souvent dans les familles, une dernière cause de discorde, de nouveaux germes d'inimitié.

Dans ce premier cas ; le mot *compensation* est tout à fait détourné de son véritable sens , indiqué par les art. 1289 et suivants du Code Napoléon. Ici , en effet , il n'y a aucune réciprocité de dettes entre les parties , aucun, par conséquent , des éléments de la compensation ordinaire. Dès lors nulle identité, aucun rapport possible entre les deux acceptions de ce même mot. Son emploi n'est pas aussi anormal, on revient vers sa véritable signification dans le second cas : *Pourront aussi les juges compenser les dépens en tout ou en partie, si les parties succombent respectivement sur quelque chef.* Ici , en effet , chaque plaideur gagnant en partie , succombant en partie , peut à la fois devenir créancier et débiteur de l'autre. On peut donc ici , avec raison , employer le mot *compensation.*

Le texte même de la loi nous fait voir que la compensation des dépens est purement facultative aux juges : dans l'un et l'autre cas , son opportunité est laissée à leur appréciation. Il peut arriver que l'un des chefs gagnés par une partie n'ait donné lieu à aucuns frais particuliers ; il n'y aurait alors aucun motif de faire profiter cette partie du bénéfice de la compensation.

Dans l'ancienne législation, on ne mentionnait cette exception au principe général cité à l'art. 130 , la compensation , que pour la prohiber formellement. L'art. 1, titre XXXI de l'ordonnance de 1667, défendait strictement aux juges de compenser les dépens sous aucun prétexte de parenté , affinité, ou autre.

Une partie ne figure souvent au procès que représentée ou par un tuteur, un curateur, un héritier bénéficiaire, ou par un avoué, un huissier... L'art. 132 fait supporter à ces administrateurs, qui auraient compromis leur administration, ou à ces officiers ministériels, qui auraient excédé les bornes de leur ministère, les dépens en leur nom et sans répétition. Sous un certain rapport, c'est une troisième exception de même nature que les précédentes, que consacre cet article.

Distraction des dépens.

Il arrive fort souvent que les frais d'une procédure ont été avancés, en totalité ou en majeure partie, par l'avoué du gagnant. Il avait confiance dans la solvabilité de sa partie, ou motif plus louable, il avait à faire à un client pauvre, et c'est uniquement parce que sa cause lui paraissait juste qu'il a voulu occuper pour lui et avancer les frais nécessaires. Que ces dispositions aient pour motif le désintéressement, ou l'intérêt bien entendu, la loi devait les protéger ; elle a donc pris des mesures pour que l'avoué n'eût point à se repentir trop souvent de sa confiance, ou de son initiative utile au plaideur équitable et malheureux. L'officier ministériel peut obtenir le droit de répéter ses avances directement contre la partie condamnée : à cette fin, il demande la *distraction des dépens*.

« Les avoués, porte l'art. 133, pourront demander la distraction des dépens à leur profit, en affirmant, lors de la prononciation du jugement, qu'ils ont fait la plus grande partie des avances. »

La distraction des dépens a pour effet immédiat d'empêcher que la partie condamnée aux dépens ne puisse se libérer directement entre les mains de l'adversaire client de l'avoué. A plus forte raison, elle empêchera toute compensation entre les créances des deux plaideurs, si pour d'autres motifs ils se trouvent à la fois créanciers et débiteurs l'un de l'autre.

Vainement aussi, des créanciers, qu'aurait eu précédemment la partie de l'avoué, viendraient-ils faire une saisie-arrêt entre les mains de l'autre partie débitrice des dépens, ces créanciers n'ont rien à prétendre dans ces dépens qui ne sont plus censés être dus à leur débiteur ; *ils sont distraits* au profit de l'avoué.

L'avoué ainsi subrogé à sa partie ne cesse pas pour cela d'être le créancier direct de celle-ci « sans préjudice de l'action contre sa partie », dit le
texte. La distraction n'est qu'une sûreté et une garantie de plus d'être payé.
L'avoué est donc libre de s'attaquer à la partie qui lui offre le plus de faci-
lités. Mais, si par sa faute ou sa négligence il avait laissé devenir insolvable
la partie qui devait en définitive supporter les frais, il serait déchu de son
recours contre l'autre.

Pour obtenir la distraction des dépens, les avoués sont tenus d'affirmer
qu'ils ont fait la plus grande partie des avances. Cette affirmation n'est pas
un serment, la loi ne dit pas qu'ils sont tenus de jurer.

La demande peut être faite dans l'exploit même d'ajournement ou dans
le cours de l'instance, par écritures ou à l'audience. Si les juges y font droit,
c'est dans le jugement et faisant corps avec lui que devra être insérée la
clause qui autorise la distraction. Dans l'ancienne procédure, on pouvait
demander et obtenir la distraction (mais aux frais du procureur), jusqu'à la
délivrance de l'exécutoire. Notre article a formellement prohibé cette doc-
trine.

Puisque la distraction est contenue dans un dispositif de jugement, elle
aura les mêmes conditions d'existence et de validité que lui-même. Et
comme pour cause d'opposition ou d'appel on doit surseoir à l'exécution du
jugement, les droits de l'avoué inscrits dans ce jugement se trouveront para-
lysés en même temps. De même, les voies extraordinaires de la requête civile
et du recours en cassation n'ayant pas cet effet suspensif, l'avoué ne sera
pas un instant entravé par elles dans la poursuite de son paiement. Bien
plus, si la partie adverse venait à son tour à triompher dans cette même
affaire où elle avait succombé, l'avoué ne sera tenu à aucune restitution
envers elle ; il n'a touché que ce qui lui était dû. La répétition ne pourrait
s'exercer que contre son client qui serait alors censé avoir payé son avoué
avec de l'argent exigé à tort de l'autre partie.

L'avoué qui n'a pu obtenir la distraction des dépens, a une dernière res-
source. Il peut demander l'autorisation de pratiquer une saisie-arrêt entre les
mains de la partie condamnée. Il aurait privilège sur les autres créanciers
de son client (ce sont frais faits pour la conservation de la chose).

La distraction obtenue « la taxe sera poursuivie et l'exécutoire délivré au
nom de l'avoué ».

Liquidation des dépens

Il s'agit de taxer, de liquider ces dépens adjugés à la partie qui a triomphé, et distraits au profit de l'avoué ; la procédure à suivre pour arriver à cette liquidation sera faite au nom de l'avoué : elle est tracée par les art. 543 et 544 du Code de Procédure et par les huit premiers articles du décret du 16 février 1807.

La distraction des dépens s'obtient aussi bien dans les matières sommaires que dans les matières ordinaires ; mais leur liquidation se fait différemment suivant l'un ou l'autre cas.

La liquidation des dépens et frais sera faite en matières sommaires par le jugement qui les adjugera : A cet effet, l'avoué qui aura obtenu la condamnation remettra dans le jour, au greffier tenant la plume à l'audience, l'état des dépens adjugés, et la liquidation en sera insérée dans le dispositif de l'arrêt ou du jugement. (Art. 453, Code Procédure, et 1er du tarif, 16 février 1807). La Cour suprême a cependant décidé que la seule omission dans un jugement rendu en matière sommaire de la liquidation des dépens, n'entraînait pas la nullité de ce jugement. Mais dans ces cas les frais que nécessitera toute procédure ultérieure pour arriver à un exécutoire portant liquidation, seront supportés par la partie qui n'a tenu aucun compte des prescriptions de la loi.

Dans les matières ordinaires, dit l'art. 2 du décret précité, les dépens seront liquidés par un des juges qui aura assisté au jugement, mais le jugement pourra être expédié et délivré avant que la liquidation soit faite. L'avoué qui requiert la taxe dépose au greffe l'état des dépens. Cet état, taxé et signé par le juge, est susceptible d'opposition de la part de l'autre partie. Si elle ne s'y oppose pas, ou si elle succombe dans son opposition, il est délivré à l'avoué une ordonnance en forme exécutoire, qui le met à même de poursuivre contre l'adversaire le remboursement des frais liquidés. Après la signification à avoué et à partie de l'exécutoire, le délai pour y former opposition est de trois jours. C'est en Chambre du conseil, sans aucune publicité, qu'il est statué d'ordinaire sur l'opposition (art. 6 du tarif de 1807). Le même article 6 défend d'attaquer la liquidation par la voie de l'appel, si on n'attaque en même temps quelques dispositions sur le fond.

Si la liquidation des dépens avait été faite avant l'expédition du jugement, il faudrait procéder comme en matière sommaire, la faire inscrire dans le dispositif du jugement, cela sous la même peine d'avoir à sa charge tous les frais ultérieurs (art. 5).

Après avoir ainsi réglé la liquidation des frais poursuivis par la partie qui a gagné contre la partie qui a perdu, le décret du 6 février 1807 se place dans une autre hypothèse. Il suppose une contestation entre l'officier ministériel et son client. On n'a pas fixé à l'amiable le montant des honoraires et remboursements dus au premier. A la différence de l'opposition, à la taxe dont il a été parlé plus haut, la contestation sera jugée à l'audience, c'est à dire publiquement; elle y sera portée par l'officier ministériel directement, sans préliminaire de conciliation.

DROIT CRIMINEL.

PLAINTES. DÉNONCIATIONS.

Lorsqu'un crime a été commis, c'est ordinairement la rumeur publique ; une plainte, une dénonciation qui le signalent à l'attention des magistrats, et mettent sur la trace du coupable.

Dénonciation, plainte. — Les deux mots n'ont pas une signification identique.

Dénoncer, c'est donner avis à la justice d'un crime ou d'un délit ; le dénonciateur peut être, soit un fonctionnaire public (art. 29), soit un particulier (30). Mais ni l'un ni l'autre n'a été lésé par le fait dont il signale l'existence.

Se plaindre, c'est bien aussi dénoncer à la justice un crime ou un délit, mais un crime ou un délit dont on a eu personnellement à souffrir. Le plaignant ne sera donc jamais qu'un particulier.

Les magistrats, chargés spécialement par la loi de recevoir les plaintes et les dénonciations, sont le procureur Impérial et le juge d'instruction. Ces deux magistrats concourent à un même but : recueillir les premiers indices du crime, constater le fait matériel, mais chacun avec des pouvoirs d'une nature différente.

L'un, le ministère public, organe de la société blessée et outragée, a pour mission de rechercher, poursuivre le coupable : c'est l'adversaire de ce coupable, c'est la *partie poursuivante.*

Requis par le ministère public, le juge d'instruction se borne à constater, à rassembler les preuves pour ou contre : il informe. Très rarement, et par mesure commandée par la nécessité (cas de flagrant délit), la loi permet à chacun de ces magistrats de cumuler ces diverses fonctions et d'être ainsi à la fois *juge et partie*.

Ceci posé et sachant qu'il est encore de règle , aussi bien en Droit criminel qu'en Droit civil, que le juge ne peut jamais se saisir lui-même , il est facile d'expliquer pourquoi régulièrement (d'après les art. 29, 30 et 63), la dénonciation est adressée au procureur Impérial , et la plainte généralement au juge d'instruction. Le dénonciateur agit dans l'intérêt de la société , il doit donc prendre pour interprète , auprès de la justice , le représentant de la société : le ministère public. Le plaignant agit dans son intérêt personnel , il demande justice pour lui-même , il peut s'adresser directement au juge d'instruction.

Des dénonciations. — Nous avons déjà signalé deux espèces de dénonciations : 1° la dénonciation faite par tout officier ou fonctionnaire public, dans l'exercice de ses fonctions (art. 29); le Code de brumaire, an IV, l'appelait dénonciation *officielle ;* 2° la dénonciation faite par toute personne qui aura été témoin d'un attentat, soit contre la sûreté publique , soit contre la vie ou la propriété d'un individu (30), c'est la dénonciation *civique* d'après le même Code de l'an IV.

Il existe, entre la dénonciation civique et la dénonciation officielle , plusieurs différences.

La loi commande bien au particulier, comme au fonctionnaire public, de dénoncer. Mais cette obligation n'a de sanction pénale que pour le fonctionnaire. Des peines disciplinaires , peut-être la destitution, viendraient frapper celui qui ne se conformerait pas aux prescriptions de l'art. 29. Aucune punition ne menace *plus* (depuis l'abolition des art. 107 et 103 du Code de 1810) le simple citoyen qui se serait abstenu de révéler un des crimes cités par l'art. 30.

Les seuls crimes dont parle cet article sont des *attentats ,* c'est à dire des attaques violentes contre la sûreté publique ou contre la vie ou la propriété d'un individu : encore n'est-ce que le témoin (*de visu*) d'un tel crime qui est tenu de le révéler.

L'art. 29 n'établit pas de telles distinctions. Les officiers publics devront donner avis de tous crimes ou délits venus à leur connaissance, même par ouï dire.

5

Nous retrouvons des différences, entre la dénonciation civique et la dénonciation officielle, jusque dans la forme suivant laquelle chacune d'elles doit être faite.

La dénonciation officielle n'est assujettie à aucune formalité, elle peut se faire par simple avis, par correspondance. L'art. 31 indique les précautions à prendre pour la dénonciation civique : elles obligent le dénonciateur à se présenter en personne, ou par un mandataire spécial, devant le chef du parquet ; la dénonciation sera même rédigée sous les yeux de ce magistrat, et signée, et par lui et par le dénonciateur ou son fondé de pouvoir. Après l'accomplissement de telles formalités, le prévenu acquitté pourra connaître, s'il le désire, ses dénonciateurs, et aux termes de l'art. 358, obtenir contre eux devant ses juges mêmes, et sur-le-champ, tels dommages-intérêts qu'il y aura lieu de lui adjuger.

Rien de semblable ne peut arriver à propos d'une dénonciation officielle. Le fonctionnaire ne pourrait être attaqué que par la prise à partie (même art. 358). La nature diverse des deux dénonciations le fait pressentir.

Pour le fonctionnaire, c'est un devoir de sa charge.

Pour le simple citoyen, ce n'est qu'une obligation morale, obligation qu'il ne doit remplir que dans l'intérêt de la société, et seulement quand il a la certitude du témoin oculaire.

Les dénonciations peuvent aussi être remises aux officiers, dits auxiliaires du procureur impérial : juges de paix, officiers de gendarmerie, commissaires de police. Mais ces officiers doivent les transmettre, sans délai, au procureur impérial.

Des plaintes. — La plainte émane, nous l'avons dit, de personnes qui se prétendent lésées par un crime ou un délit. Les plaintes sont reçues par le juge d'instruction, soit du lieu du crime ou délit, soit de la résidence du prévenu, soit du lieu où il pourra être trouvé. Si elle était portée devant tout autre juge d'instruction, elle ne serait pas nulle pour cela, elle devrait être transmise par celui-ci au juge compétent, où, s'il y en a plusieurs, à celui qui pourrait être dans les meilleures conditions pour instruire l'affaire. Elle pourra de même être portée devant le procureur impérial ou ses auxiliaires, des trois lieux ci-dessus. La plainte communiquée au procureur impérial, le juge commencera immédiatement à instruire.

La plainte devra être rédigée suivant les mêmes formalités que la dénonciation civique.

Souvent, le plaignant se porte *partie civile*, et demande des dommages-intérêts contre l'auteur du crime ou du délit, c'est alors que la plainte offre un caractère remarquable et distinct de la dénonciation civique. Dans ce cas, elle n'a pas seulement pour objet de provoquer la poursuite du coupable ; aussi, quoique ne donnant pas l'éveil à la justice, elle n'en serait pas moins recevable : « les plaignants pourront se porter partie civile, en tout état de cause, jusqu'à la clôture des débats. » (Art. 67.)

A quelles conditions les plaignant est-il réputé partie civile ?

Et d'abord la plainte est-elle indispensable pour se porter partie civile ?

Nous n'examinerons pas les art. 145 et 147 pour les matières de simple police, et les art. 182 et 183 pour les matières de police correctionnelle, qui semblent autoriser la partie qui a souffert à se dispenser de toute plainte, et à se porter partie civile par une citation ou des conclusions prises à l'audience. Pour les affaires criminelles, la loi semble, au contraire, exiger une plainte préalable rédigée suivant les formalités prescrites par les art. 63 et suivants.

Aujourd'hui, pour être réputé partie civile, le plaignant doit le déclarer formellement, soit dans la plainte, soit dans un acte subséquent, ou prendre par l'un ou par l'autre des conclusions en dommages-intérêts (66).

Cette disposition est une dérogation à la législation pénale de 1791. Alors, la qualité de partie civile était une conséquence de la qualité de partie plaignante. Pour atténuer ce qu'il y avait de trop rigoureux dans ce système, le Code de brumaire an IV, accorda au plaignant la faculté de se désister dans les 24 heures, et s'il usait de cette faveur, la plainte était censée non avenue. Dans le cas contraire, tout plaignant considéré comme partie civile était personnellement tenu de tous les frais d'instruction, sauf son recours contre le prévenu qui était condamné.

Le Code de 1820 fit cesser en grande partie un tel état de chose : la qualité de plaignant fut complètement indépendante de la qualité de partie civile.

Enfin, lors de la révision de ce même Code, en 1832, on statua (art. 268), que la partie civile qui n'avait pas succombé n'était pas responsable des frais. Dans le cas d'insolvabilité du condamné, ce sera le Trésor qui devra les supporter.

Aujourd'hui encore, un délai de 24 heures est accordé au plaignant, non pour se désister de la plainte, mais de sa qualité de partie civile.

Après le désistement, la plainte ne sera plus considérée comme non avenue, la dénonciation subsistera toujours et pourra, si elle est calomnieuse, donner lieu à des dommages-intérêts contre son auteur.

Le délai pour se désister se compte de *horâ ad horam*, si l'heure à laquelle le plaignant s'est porté partie civile est relaté dans l'acte, sinon les 24 heures courent de la fin du jour où on a fait cet acte.

Vu par le président de la thèse,

Bressolles.

————

Cette thèse sera soutenue, le 8 mai 1854, dans une des salles de la Faculté.

Toulouse, imprimerie BAYRET et Cᵉ, rue Peyras, 12.

www.ingramcontent.com/pod-product-compliance
Lightning Source LLC
Chambersburg PA
CBHW060449210326
41520CB00015B/3891